SV

Band 1309 der Bibliothek Suhrkamp

Von August bis Dezember 1937, in einer Zeit wachsender Entrechtung und Bedrohung, schrieb Gertrud Kolmar den Zyklus Welten. Im Februar 1943 wurde die Dichterin nach Auschwitz deportiert und ermordet. Ihr Schwager Peter Wenzel übergab 1947 die erhaltenen Texte dieses Zyklus an Peter Suhrkamp; *Welten* war eines der ersten Bücher, die nach dem Zweiten Weltkrieg im Suhrkamp Verlag erschienen.

»Die einzigartige, beinahe übermenschliche Leistung Gertrud Kolmars ist, noch im Augenblick der tödlichen Gefahr, der aussichtslosesten Lebenssituation den Ausbruch, den Übergriff zu riskieren, in sich ein Freiheitsfieber zu entfachen, das uns noch heute – und zu unserem Glück – infizieren kann.«
Gerlind Reinshagen

Gertrud Kolmar
Welten

Gedichte
Mit einem Nachwort
von Gerlind Reinshagen

Suhrkamp Verlag

Welten erschien 1947 im Suhrkamp Verlag vorm.
S. Fischer Verlag Berlin.
Vorliegende Ausgabe folgt dem 1960 im
Kösel Verlag veröffentlichten *Lyrischen Werk*

Erste Auflage dieser Ausgabe 2023

Umschlaggestaltung nach Entwürfen
von Willy Fleckhaus
Druck: Books on Demand GmbH, Norderstedt
Printed in Germany
ISBN 978-3-518-24311-4

www.suhrkamp.de

Welten

Zueignung

Sie nahm den Silberstift
Und hieß ihn hingehn über die weiße matt glänzende Fläche:
Ihr Land. Er zog
Und schuf Berge.
Kahle Berge, nackte kantig steinerne Gipfelstirnen, über
Öde sinnend;
Ihre Leiber
Schwanden umhüllt, vergingen hinter dem bleichen Gespinst
Einer Wolke.
So hing das Bild vor dem schwarzen Grunde, und
Menschen sahen es an.
Und Menschen sprachen:
»Wo ist Duft? Wo ist Saft, gesättigter Schimmer?
Wo das strotzende, kraftvoll springende Grün der Ebenen
Und der Klippe bräunlich verbranntes Rot oder ihr taubes
graues Düster?
Kein spähender Falke rüttelt, hier flötet kein Hirt.
Nie tönen groß in milderes Abendblau die schön
geschwungenen Hörner wilder Ziegen.
Farbenlos, wesenlos ist dies, ohne Stimme; es redet zu uns
nicht.
Kommt weiter.«

Sie aber stand und schwieg.
Klein, unbeachtet stand sie im Haufen, hörte und schwieg.
Nur ihre Schulter zuckte, ihr Blick losch in Tränen.
Und die Wolke, die ihre zeichnende Hand geweht,
Senkte sich und umwallte, hob und trug sie empor
Zum Schrund ihrer kahlen Berge.

Ein Wartender,
Dem zwei grüngoldene Basilisken den Kronreif schlangen,
Stand im Dämmer auf, glomm und neigte sich, sie zu
grüßen.

Garten im Sommer

Gar nichts anderes wars; kein Vogel, kein Falter flog.
Nur ein gilbendes Blatt zitterte in den umsponnenen
Weiher, ich sah es.
Komm.
Ach, dies tauig hauchende Gras, wie es zärtlich meine
fiebrigen Zehen kühlt!
Bück dich ein wenig:
Haselnüsse, die wohl der große plündernde Buntspecht
hierher verstreut hat.
Aber noch sind sie nicht reif.
Nein, ich bin nicht genäschig noch hungrig.
Später werden wir unter die Obstbäume gehn und auf dem
Rasen schöne rotflammige Äpfel suchen
Oder die runden, saftigen goldgrünen Pflaumen schütteln.
Ja, willst du?
Weißt du noch: all die Pfauenaugen, so viele, die an den
abgefallnen, verrotteten Früchten sogen und
taumelten?
Und auch ein Trauermantel wehte, finsterer Sammet,
gülden umsäumt, blau beperlt...
O die Rose! Sie duftet ... Gestern noch wollte sie Knospe
bleiben;
Nun schloß Nacht sie auf, daß sie blühe, die scheue,
errötende, und sie scheint glücklich ...
Du Geliebter, im Traum der Hummeln und Bienen muß
solch unberührt schwebender alabasterner Becher
glühn.
Du fragst mich, ob Bienen und Hummeln träumen?

Sicher träumen sie, wenn sie in jener rahmweißen
Schwertel schlummern, kindlich von süßer,
schaumiger Bienenmilch.
Aber Steinhummeln sind die schönsten, summend in
warmen schwarz und fuchsigen Pelzen …
Was blickst du auf einmal seltsam mich an und lächelst?
War ich bleich schimmernd in Mitternächten dir
berauschender Kelch?
Dir Milch, dir Wein, goldbrauner Malaga, rubinenes
Kirschenwasser?
Schweig. Ich lege die atmende Hand auf deine Lippen …

Morgenwind. Leise schauernde Halme. Feuchte.
Und ein winziger reglos hockender Frosch, der aus grüner
Bronze geformt ist.
Und eine Seejungfer, stahlblau mit gläsernen Flügeln,
Sirrt dahin. Mich fröstelt …
Weiden wie badende Fraun neigen die Stirnen, fahlblond
rieselndes Haar dem Teich.

Sprich, bedeutet ein Schneckenhorn Gutes dem, der es
aufhebt?
Wenn du zweifelst, schenk ichs der Flut.
Wie sie sich kräuselt, sich bauscht … seiden … und blinkt
doch Kälte.
Hier auf dem einzig offnen, besonnten Fleckchen im
Röhricht, Lieber, laß noch ein wenig uns sitzen
Und hinüberschaun nach den Fenstern, unseren Fenstern,
die Waldrebe und dumpferer Efeu umkriechen.

Wie mir dies kleine umschattete, weltversunkene Schloß gefällt!
Auch das Mauergeschnörkel, auch die geschwärzte Vergoldung, die bröckelnden Putten, die müden Blumengewinde,
Auch das Moos, das an den zersprungenen griechischen Vasen hängt.
Auch am Tor die mächtige Linde und ihre Ringeltaube, die wieder mit dunkelndem Rucksen ruft.
Und das kunstvoll geschmiedete Gitter...

Gehst du jetzt ... soll ich schon folgen? Führ mich; ich friere ... ich fürchte ...
Bis zu den Mummeln, dem gelben Leuchten, möchte ich schwimmen.
Sieh, der Flausch deiner Brust wuchert algenhaft, und ich weiß: der Wassermann bist du.
Und ich weiß: unzählige Schätze, Seesilber, Schlämmgold, häufst du tief in verborgenen Kammern unter dem Wasser, der Erde.
Wirst du jetzt meine Hände nehmen, mit mir zum Grunde tauchen, zur Pforte, die ein schwerer, schnauzbärtiger Wels bewacht?
Soll ich nie Schwester noch Bruder mehr sehn, nicht den alten Vater mehr, den ich liebe?
Du, ich bebe ...
Wenn ich empfinge: mein Kind trüge Schwimmhäute zwischen Fingern und Zehn, trüge Muscheln und Wasserlinsen seltsam in immer triefenden Haaren.
Kehr ans Ufer ... Spötter!

Flüsterst du scherzend, ich müßte dir Zwillingsknaben,
Kastor und Polydeukes, gebären, weil ihrer
königlichen Mutter Name mich schmückt?
Glauben denn wir, daß im Schwan ein Göttliches
irdischem Weibe zu nahn vermag? Die liebliche
Fabel? –
Ich verstumme ... ich log ...
Meine kosenden Hände ducken Gefieder, tasten weicheren
Flaum, und weiße, zitternd gebreitete Fittiche
schlagen über mich hin ...

Dienen

Der du die Stoffe bindest und löst, kältest und glühst, sie schwächst und bekräftigst,
Der du Säuren reizt, Erze peinigst, geheime Mischung in Kapseln birgst, in Röhren und Tiegeln braust,
Wenngleich nicht der Alkahest noch der weiße oder der rote Löwe ist, was du siedest,
Adept einer Alchimie, die mir fremd und wunderbar dünkt;
Herr du des Feuers, das du in ehernem Käfig bändigst, das nun kriechend sich duckt wie ein sprungbreit lauerndes Raubtier,
Einst schnellte, die Stäbe zertrümmerte, wütende Krallen um deine Glieder schlug (o, mir bangt, wenn ichs denke!):
Ich will eine andere Flamme locken, milde, gezähmte Glut, die mir auf dem Herde schmeichelt und schnurrt und spielt wie ein häusliches Kätzchen;
Denn bunte Speisen will ich bereiten, ein kleines Mahl, das dich freuen soll,
Wenn du müde und doch mit Lächeln in meine dämmernden Räume kehrst.
Was scheltet ihr mich?
Was spottet ihr mein?
Weil meine Welt flach ist, wenig Schritt im Geviert, engumbaut,
Voll ruhmlos kleinlicher Dinge, geringfügiger Verrichtungen,
Erfüllt vom Klappern der Näpfe, Brodeln der Töpfe, den häßlichen Dünsten schwitzender Fette, überschäumender Milch?

Weil ich bauchige Mehltonnen hebe, Gewürzbüchschen
öffne, Muskatnuß reibe,
Kräuter wiege, in gläserne Schale Saft der Zitrone presse,
goldgelbes Dotter in blauem Becher zerquirle?...

Ja,
Wißt ihr denn, was die türkische kupferne Kaffeemühle in
Sarajewo sah
Und im böhmischen Eger mein Krug, leuchtend
weißtupfigrot wie Fliegenpilze des Waldes?
Wißt ihr,
Daß für mich große schwarzrauchende Schiffe alle Meere
befahren, mit Fracht aller Küsten sich schleppen,
Daß, wenn die bleichen Körner durch meine Finger rieseln,
stille Gesichter der Männer Ranguns mich schaun
Oder das dunklere Antlitz des Negers singt, der in den
Reisfeldern Südkarolinas erntet?
Daß aus dem hölzernen Teekästchen unsichtbar eine
Inderin steigt
Im Silberschmuck, in ocker- und terrakottfarb gewebtem
Wallen und Wehen?
Aus Zwiebelschärfe hallen mir kräftige Stimmen
bulgarischer Bauern wider.
Und ich frage zäh quellende Tropfen, ob nicht der Ölbaum
meiner fremden, verlorenen Heimat sie schuf.

O sonnige Wiese, davon meine schmale, ängstliche Küche
überfließt,
Mit dem Gürtel aus Natternkopf, Schafgarbe,
Mäusegerste, Skabiosen,
Mit ruhig weidenden Scheckenkühn, dem rhythmischen
Schlag ihrer Quastenschwänze,

O bräunlichgoldener Streif, den Mohnrot und
Kornblumenblau durchwirkt,
Den Mittagsstille umhaucht und der warme Duft
künftigen Brotes! –
Da ich Krumen in die erhitzte brutzelnde Butter warf,
Schütterte noch aus geschwärzter Pfanne das Pochen von
tausend Hämmern in Adern der Erde,
Zischte im Knistern noch immer empört gemartertes Eisen,
Das der Mutter geraubt, vergewaltigt in Öfen, zur
Formung gezwungen ward.
Da von dampfender Suppe mein Löffel schmeckte, den
kundige Hand geschnitzt,
Wuchs über niederes Dach wieder ein Lindenast,
Blühend, umtönt von Bienenchören.

Es komme mein Freund und esse.
Sieh, alles Wesen war mir zu Dienst, auf daß ich dem
Einen diene.
Liebe deckte auch heut wie gestern den Tisch.
Nimm denn mit Liebe an, was die Schüssel trägt:
Möge es deinen Augen gefallen, sein Ruch dir angenehm
sein, und was zum Munde eingeht, sei dir gesegnet!

Barsoi

Dein war das Dunkel, die Höhle des Mutterleibes.
Dein war der Grund, Erde, die Tiere trägt.
Blind krochst du, suchend und saugend, unter den Zitzen
der Hündin umher
Und nährtest dich, wuchsest und wurdest sehend
Und spieltest zwischen Geschwistern ...
Weißt du noch?
Nein, du weißt nichts mehr.
Kaum kennst du dies Fell, das dir wallt, weißflockig
schäumende See um isabellfarbne Inseln.

Liebliche du, Anmutige, mit dem schmalen, gestreckten
Haupt, den sanften, braunen, glänzenden
Mandelaugen,
Du träumst
Nördliche blasse Birken im Moor, dem schwärzlich
brandiges Ungeheuer, der schaufelhörnige Elch,
entloht;
Dein Blut
Hetzt noch den grauen Wolf durch Tannenfinsternis
russischer Wälder,
Spürt noch weidende Renntierherden über Moos und
Flechte der Tundra,
Hört noch angstvolles Jammern, des Eishasen Klageschrei
Vor dem Jäger ...

Tags
Ruhest du still auf der Decke und hebst mir dein
Frauenantlitz mit jener Milde der Hindin, des
Einhorns entgegen,
Oder du läufst gesenkten Kopfes, schnupperst und
scharrst an Komposthaufen, Büschen und Beeten, wie
Hunde tun.

In Herbstnächten,
Da starke, kältere Sterne flimmern,
Hin und wieder vom Baume fallender Tropfen tönt,
Da gilbendes Gras Frische und Feuchte atmet,
Zieh ich den Mantel um meine Schultern, öffne die eiserne
Tür
Des Gartens;
Du jagst in riesigen Sätzen.
Du fliegst, du stiebst
Schneesturmgleich über den Teppich welker, triefender
Blätter;
Silbern wehende Flamme, lodert dein mähniger Schweif
dir nach.
Und ich gehe und rufe dich mit dumpferer Stimme, und du
harrst, hoch und leicht, hauchfahl, ein Schemen an
Wegeswende.
Du stehst und starrst.
Was erblickst du?
Glosten am Faulbaum, in Geißblattsträuchern gelbe
Augen auf, Katzenaugen, die du hassest?
Tritt ein Gespenst, die Flatterhände voll blutiger Gekröse,
dich an – und deine lange Nase wittert die Beute?

Bist du nur Wohnung fremder, unfaßlicher Seele, die
zuzeiten das Tierhaus läßt als wesenlose
durchsichtige Hülle?
Sie irrt
Über Rasen, zwischen den bronzenen Chrysanthemen,
und du wartest auf Wiederkehr.
Naht sie?
Meine Finger berühren die Kühle und Glätte der
Echsenstirn ... ein Halsband klimpert.
Folgsam trabt neben mir die bleiche und stumme
Gefährtin heim.

Die Stadt

Sie gingen
Durch den nebelleicht kühlen Wintermorgen, Liebende,
Hand in Hand.
Erde bröckelte hart, gefrorene Pfütze sprang gläsern unter
den Sohlen.
Drunten am Uferwege
Saß einer in brauner Sammetjoppe vor seiner Staffelei
Und malte die blattlos hängende Weide.
Kinder pirschten neugierig näher,
Und die Großen hielten für Augenblicke mit ihrem Gange
ein, tadelten, lobten.
An dem algengrünen, glitschigen Stege
Schwamm ein lecker, verrotteter Kahn.
Drei Schwäne über den Wellen
Bogen die stengelschlanken Hälse, schweigend, entfalteten
sich, blühten.
Die Frau brach Brot und warf es weit in die Flut.

Unter starrenden Eichen,
Die Äste, schwarz, verrenkt, wie gemarterte Glieder
streckten,
Schritten sie an den fröstelnden Rasen, efeuumwucherten
Pfeilern verschlossener Gärten dahin.
Als sie die lange steinerne Brücke betraten,
Riß Sonne den Nebel von sich wie ein Gewand,
Und die Stadt stieg auf, schräg hinter dem breiten Becken
des Flusses.

Ineinander, übereinander schoben sich Dächer,
schwarzgrau glänzend wie Dohlengefieder, einzelne,
höhere patinagrün; goldene Turmhauben blitzten.
Möwen umkreischten, hungrig flatternde Bettler, das
Brückengeländer.
Sie waren hinüber
Und schauten vor mürrisch alltäglichem Hause den
Knaben zu, die ihrem gelben Hund die wunde,
blutende Pfote verbanden.
Frauen mit Marktnetzen, Henkelkörben blickten
vorübereilend die müßigen Fremden knapp und
mißtrauisch an,
Verschwanden hinter den Türen düsterer kleiner
murkliger Läden.

Lauter und stärker, wohlhäbiger, fülliger wurden die
Straßen.
Stattliche Gasthöfe luden mit kräftigen Lettern ein;
Rötliche Backsteinmauern standen machtvoll-gewichtig da
gleich Ratsherren alter Zeit mit Puffenwams und
Barett und prunkender Schaube.
Bahnen lärmten fröhlich, bimmelten flink, wie ein
Gassenjunge am Parktor, entwischten.
Männer in dicken, warmen Mänteln beredeten rauchend
und lebhaft schreitend Handel und Wandel,
Und bald fing die Garküche an, ihren Stand mit
nahrhaften Bratgerüchen zu rühmen.
Laden reihte an Laden sich,
Bot zartes, saftiges Fleisch und Wildbret, Fische,
geräucherten Aal und Sprotten,

Bot knusprig braunes längliches Brot, süß, mit Korinthen
gefüllt, und herbes, das mehlüberstäubt oder mit Salz
und Kümmel bestreut war.
Zwischen zwei Kupferbechern duckte ein winziges
chinesisches Teehaus von kirschrot gelacktem Holze
sein geschweiftes vergoldetes Dach.
Doch das Gewölb, da um teures Geld Tränke und Salben
und Pulver gemengt und verabreicht werden,
Wies durchs Fenster den Greis, wie lebend, gebückt im
Sessel,
In wollener Kutte, mit schlohweiß wallendem Bart;
Er schloß die Lider.
Hinter ihm grinste ein langes scheußliches Beingeripp mit
Totenschädels höhnischen Augenhöhlen und Zähnen,
Die glitzernde Sense in einer Hand und mit der andern des
Sinkenden Schulter krallend.
Eine Uhr zeigte Mitternacht.
Da erschrak die Frau und griff nach dem Manne –

Er nickte und lächelte aber;
Denn er sah nichts als ihr finsteres Haar und ihr blasses
dunkeläugiges Antlitz.

Der Engel im Walde

Gib mir deine Hand, die liebe Hand, und komm mit mir;
Denn wir wollen hinweggehen von den Menschen.
Sie sind klein und böse, und ihre kleine Bosheit haßt und peinigt uns.
Ihre hämischen Augen schleichen um unser Gesicht, und ihr gieriges Ohr betastet das Wort unseres Mundes.
Sie sammeln Bilsenkraut …
So laß uns fliehn
Zu den sinnenden Feldern, die freundlich mit Blumen und Gras unsere wandernden Füße trösten,
An den Strom, der auf seinem Rücken geduldig wuchtende Bürden, schwere güterstrotzende Schiffe trägt,
Zu den Tieren des Waldes, die nicht übelreden.

Komm.
Herbstnebel schleiert und feuchtet das Moos mit dumpf smaragdenem Leuchten.
Buchenlaub rollt, Reichtum goldbronzener Münzen.
Vor unseren Schritten springt, rote zitternde Flamme, das Eichhorn auf.
Schwarze gewundene Erlen züngeln am Pfuhl empor in kupfriges Abendglasten.

Komm.
Denn die Sonne ist nieder in ihre Höhle gekrochen, und ihr warmer rötlicher Atem verschwebt.
Nun tut ein Gewölb sich auf.
Unter seinem graublauen Bogen zwischen bekrönten Säulen der Bäume wird der Engel stehn,

Hoch und schmal, ohne Schwingen.
Sein Antlitz ist Leid.
Und sein Gewand hat die Bleiche eisig blinkender Sterne in Winternächten.
Der Seiende,
Der nicht sagt, nicht soll, er nur ist,
Der keinen Fluch weiß noch Segen bringt und nicht in Städte hinwallt zu dem, was stirbt:
Er schaut uns nicht
In seinem silbernen Schweigen.
Wir aber schauen ihn,
Weil wir zu zweit und verlassen sind.

Vielleicht
Weht ein braunes, verwelktes Blatt an seine Schulter, entgleitet;
Das wollen wir aufheben und verwahren, ehe wir weiterziehn.

Komm, mein Freund, mit mir, komm.
Die Treppe in meines Vaters Haus ist dunkel und krumm und eng, und die Stufen sind abgetreten;
Aber jetzt ist es das Haus der Waise, und fremde Leute wohnen darin.
Nimm mich fort.
Schwer fügt der alte rostige Schlüssel im Tor sich meinen schwachen Händen.
Nun knarrt es zu.
Nun sieh mich an in der Finsternis, du, von heut meine Heimat.
Denn deine Arme sollen mir bergende Mauern baun,

Und dein Herz wird mir Kammer sein und dein Auge mein
Fenster, durch das der Morgen scheint.
Und es türmt sich die Stirn, da du schreitest.
Du bist mein Haus an allen Straßen der Welt, in jeder
Senke, auf jedem Hügel.
Du Dach, du wirst ermattet mit mir unter glühendem
Mittag lechzen, mit mir erschauern, wenn
Schneesturm peitscht.
Wir werden dürsten und hungern, zusammen erdulden,
Zusammen einst an staubigem Wegesrande sinken und
weinen...

Sehnsucht

Ich denke dein,
Immer denke ich dein.
Menschen sprachen zu mir, doch ich achtet es nicht.
Ich sah in des Abendhimmels tiefes Chinesenblau, daran
der Mond als runde gelbe Laterne hing,
Und sann einem anderen Monde, dem deinen, nach,
Der dir glänzender Schild eines ironischen Helden
vielleicht oder sanfter goldener Diskus eines
erhabenen Werfers wurde.
Im Winkel der Stube saß ich dann ohne Lampenlicht,
tagmüde, verhüllt, ganz dem Dunkel gegeben,
Die Hände lagen im Schoß, Augen fielen mir zu.
Doch auf die innere Wand der Lider war klein und
unscharf dein Bild gemalt.
Unter Gestirnen schritt ich an stilleren Gärten, den
Schattenrissen der Kiefern, flacher, verstummter
Häuser, steiler Giebel vorbei
Unter weichem düsteren Mantel, den nur zuweilen
Radknirschen griff, Eulenschrei zerrte,
Und redete schweigend von dir, Geliebter, dem lautlosen,
dem weißen mandeläugigen Hunde, den ich geleitete.

Verschlungene, in ewigen Meeren ertrunkene Nächte!
Da meine Hand in den Flaum deiner Brust sich bettete
zum Schlummer,
Da unsere Atemzüge sich mischten zu köstlichem Wein,
den wir in Rosenquarzschale darboten unserer
Herrin, der Liebe,

Da in Gebirgen der Finsternis die Druse uns wuchs und
reifte, Hohlfrucht aus Bergkristallen und fliedernen
Amethysten,
Da die Zärtlichkeit unserer Arme Feuertulpen und
porzellanblaue Hyazinthen aus welligen, weiten, ins
Morgengraun reichenden Schollen rief,
Da, auf gewundenem Stengel spielend, die
halberschlossene Knospe des Mohns wie Natter
blutrot über uns züngelte,
Des Ostens Balsam- und Zimmetbäume mit zitterndem
Laube um unser Lager sich hoben
Und purpurne Weberfinken unserer Munde Hauch in
schwebende Nester verflochten. –
Wann wieder werden wir in des Geheimnisses Wälder
fliehn, die, undurchdringlich, Hinde und Hirsch vor
dem Verfolger schützen?
Wann wieder wird mein Leib deinen hungrig bittenden
Händen weißes duftendes Brot, wird meines Mundes
gespaltene Frucht deinen dürstenden Lippen süß sein?
Wann wieder werden wir uns begegnen?
Innige Worte gleich Samen von Würzkraut und
Sommerblumen verstreun
Und beglückter verstummen, um nur die singenden
Quellen unseres Blutes zu hören?
(Fühlst du, Geliebter, mein kleines horchendes Ohr,
ruhend an deinem Herzen?)
Wann wieder werden im Nachen wir gleiten unter
zitronfarbnem Segel,
Von silbrig beschäumter, tanzender Woge selig gewiegt,
Vorüber an Palmen, die grüner Turban schmückt wie den
Sproß des Propheten,

Den Saumriffen ferner Inseln entgegen, Korallenbänken,
an denen du scheitern willst?
Wann wieder, Geliebter ... wann wieder ...? ...
Nun sintert mein Weg
Durch Ödnis. Dorn ritzt den Fuß.
Bäche, frische, erquickende Wasser, murmeln; aber ich
finde sie nicht.
Datteln schwellen, die ich nicht koste. Meine
verschmachtende Seele
Flüstert ein Wort nur, dies einzige:
»Komm ...«
O komm ...

Fruchtlos

Die Frauen des Westens tragen den Schleier nicht.
Die Frauen des Ostens legen ihn ab.
Ich möchte mein Antlitz mit dunklem Schleier verhüllen;
Denn es ist nicht schön mehr zu schauen, nicht lieblich
mehr, denn es ist graulich und rissig wie Steine
morschen, erkalteten Herdes.
Mein Haar stäubt Asche.

So will ich warten allein in Dämmerung auf schmaler,
hochlehniger Bank,
So will ich sitzen, da zögernd Nacht um mich sinkt,
Ein schwarzer Schleier.
Ich ziehe ihn um mich und bedecke mein Gesicht.

Doch meine Augen starren ...

Ich sehe. Ich fühle:
Durch die verschlossene Tür tritt lautlos
Ein Kind.
Das einzige, das mir zubestimmt und das ich nicht
geboren.
Nicht geboren um meiner Sünde willen; Gott ist gerecht.
Und ich schweige, und murre nicht, ich trage und berge
das Haupt, und so darf ich es suchen
Manchen Abend.

Ein Knabe.
Nur dieser eine: zart, stumm und flehend, mit weichen
düsteren Locken,

Unter bräunlicher Stirn die fremden graugrünen
Meeraugen dessen, den ich geliebt, den ich immer liebe.
Er fürchtet mich nicht, bebt nicht zurück vor dem
Schmeicheln der welken Lippen und Hände.
Er naht, und sein blauer Sammet rührt meinen Arm, und seine spielenden kleinen Finger greifen nach meiner Seele
Und tun ihr weh.
Zuweilen bringt er mir seine Murmel, die finstere, golden geäderte, Tigerauge genannt,
Oder auch eine Blume, blasse Narzisse,
Oder auch eine Muschel, rötlich mit Warzen; er hebt sie sacht an mein Ohr, und ich höre dem Rauschen zu.

Einst
Um die Hälfte der Nacht, der Winternacht,
Erwacht ich und schaute durch Schatten:
Der mich liebte, ruhte auf meinem Lager und schlief.
Sein Atem war Muschelrauschen in Stille.
Ich lauschte.
Und er schlummerte tief, so geborgen in meiner Liebe
Unter Träumen: sie falteten über ihm Flügel, purpurn wie Saft des besamten Granatapfels, den wir geteilt.
Friede.
Und ich war glücklich und hob mich und saß, innig betend,
Und neigte wieder das Angesicht und hielt es mit Händen und stammelte Dank um Dank.
Aus meinem Blut
Knospete eine Rose…

Das war die Keimnacht,
Die Segen wollte, Nacht der ungeflüsterten Bitte, doch ich empfing dich nicht.
Sieh deine Mutter weinen...
Auch du wirst sterben.
Morgen werde ich einen Spaten nehmen, unter die Schneebeersträucher gehen und dich begraben. –

Die alte Frau

Heut bin ich krank, nur heute, und morgen bin ich gesund.
Heut bin ich arm, nur heute, und morgen bin ich reich.
Einst aber werde ich immer so sitzen,
In dunkles Schultertuch frierend verkrochen, mit
hüstelnder, rasselnder Kehle,
Mühsam hinschlurfen und an den Kachelofen knöchrige
Hände tun.
Dann werde ich alt sein.

Meiner Haare finstere Amselschwingen sind grau,
Meine Lippen bestaubte, verdorrte Blüten,
Und nichts weiß mein Leib mehr vom Fallen und Steigen
der roten springenden Brunnen des Blutes.
Ich starb vielleicht
Lange schon vor meinem Tode.

Und doch war ich jung.
War lieb und recht einem Manne wie das braune nährende
Brot seiner hungrigen Hand,
War süß wie ein Labetrunk seinem dürstenden Munde.
Ich lächelte,
Und meiner Arme weiche, schwellende Nattern lockten
umschlingend in Zauberwald.
Aus meiner Schulter sproßte rauchblauer Flügel,
Und ich lag an der breiteren buschigen Brust,
Abwärts rauschend, ein weißes Wasser, vom Herzen des
Tannenfelsens.

Aber es kam der Tag und die Stunde kam,
Da das bittere Korn in Reife stand, da ich ernten mußte.
Und die Sichel schnitt meine Seele.
»Geh«, sprach ich, »Lieber, geh!
Siehe, mein Haar weht Altweiberfäden,
Abendnebel näßt schon die Wange,
Und meine Blume schauert welkend in Frösten.
Furchen durchziehn mein Gesicht,
Schwarze Gräben die herbstliche Weide.
Geh; denn ich liebe dich sehr.«

Still nahm ich die goldene Krone vom Haupt und verhüllte mein Antlitz.
Er ging,
Und seine heimatlosen Schritte trugen wohl anderem Rastort ihn zu unter helleren Augensternen.

Meine Augen sind trüb geworden und bringen Garn und Nadelöhr kaum noch zusammen.
Meine Augen tränen müde unter den faltig schweren, rotumränderten Lidern.
Selten
Dämmert wieder aus mattem Blick der schwache, fernvergangene Schein
Eines Sommertages,
Da mein leichtes, rieselndes Kleid durch Schaumkrautwiesen floß
Und meine Sehnsucht Lerchenjubel in den offenen Himmel warf.

Aus dem Dunkel

Aus dem Dunkel komme ich, eine Frau.
Ich trage ein Kind und weiß nicht mehr, wessen;
Einmal hab ichs gewußt.
Aber nun ist kein Mann mehr für mich ...
Alle sind hinter mir eingesunken wie Rinnsaal,
Das die Erde trank.
Ich gehe weiter und weiter.
Denn ich will vor Tag ins Gebirge, und die Gestirne
    schwinden schon.

Aus dem Dunkel komme ich.
Durch finstere Gassen schritt ich einsam,
Da jäh vorstürzendes Licht mit Krallen die sanfte
    Schwärze zerriß,
Der Pardel die Hirschkuh,
Und weit aufgestoßene Tür häßliches Kreischen, wüstes
    Gejohle, tierisches Brüllen spie.
Trunkene wälzten sich...
Ich schüttelte das am Wege vom Saum meines Kleides.

Und ich wanderte über den verödeten Markt.
Blätter schwammen in Lachen, die den Mond spiegelten.
Magere, gierige Hunde berochen Abfälle auf den Steinen.
Früchte faulten zertreten,
Und ein Greis in Lumpen quälte noch immer sein armes
    Saitenspiel
Und sang mit dünner, mißtönig klagender Stimme
Ungehört.
Und diese Früchte waren einst in Sonne und Tau gereift,

Träumend noch vom Duft und Glück der liebenden Blüte,
Doch der wimmernde Bettler
Vergaß das längst und kannte nichts anderes mehr als
Hunger und Durst.

Vor dem Schlosse des Mächtigen stand ich still,
Und da ich die unterste Stufe trat,
Zerbarst der fleischrote Porphyr knackend an meiner
Sohle. –
Ich wendete mich
Und schaute empor zu dem kahlen Fenster, der späten
Kerze des Denkenden,
Der sann und sann und nie seiner Frage Erlösung fand,
Und zu dem verhüllten Lämpchen des Kranken, der doch
nicht lernte,
Wie er sterben sollte.
Unter dem Brückenbogen
Zankten zwei scheußliche Gerippe sich um Gold.
Ich hob meine Armut als grauen Schild vor mein Antlitz
Und zog ungefährdet vorbei.

Im Fernen redet der Fluß mit seinen Ufern.

Nun strauchle ich den steinigen, widerstrebenden Pfad
hinan.
Felsgeröll, Stachelsträucher verwunden die blinden,
tastenden Hände:
Eine Höhle wartet,
Die im tiefsten Geklüft den erzgrünen Raben herbergt,
der keinen Namen hat.
Da werde ich eingehn,

Unter dem Schutz der großen schattenden Schwinge mich
niederkauern und ruhn.
Verdämmernd dem stummen wachsenden Wort meines
Kindes lauschen
Und schlafen, die Stirn gen Osten geneigt,
Bis Sonnenaufgang.

Türme

Am Strande nördlichen Meeres,
Wo schwarzer grausamer Sturm Schwärme gell
kreischender Möwen peitscht,
Wo an rissige Klippen geschleuderte Woge eisgrün
klirrend zerbricht,
Zerschellt, zerspritzt,
Starrt der Turm.
Hart, finster, lastend, stumm in grauer Öde.
Erstorben.
Ohne Mund.
Kein Tor, keine Pforte: verschlossen.
Aus blicklosen Fenstern geistert in Nebeln düsterrot
glimmendes Licht,
Kolkt ein Rabe krächzende Prophezeiungen,
Schwimmt Schnee-Eule lautlos, flockenrieselnd in das
kristallen singende Schweigen der Nacht. –
Irgendwo fern klagt ein Schiff im Eise...

Irgendwo.

Irgendwo in Böhmen senkt eine Birke schmale blond
umflossene Wangen rötlichen Trümmern zu.
Wehmütig, mit auf der Brust gefalteten Händen.
Doch um ihren Fuß spielen Glockenblumen,
Bunter Wachtelweizen belächelt das machtlose
Burgverlies, und Gras trauert tändelnd auf der
begrabenen Schwelle;
Feuerfalter gaukeln in Sonne über gestürzte Mauern, über
erloschne Geschlechter hin.

Aus gierig glänzenden Augen der blauen Haie, die spähend, schnappend in Küstengewässern sich tummeln,
Blicken die Herrn der Feste, Seelen illyrischer Seeräuber her,
Die einst den trotzig plumpen, vierschrötig niederen Bau zum Hüter blitzender Beute setzten.
O schwarze Flaggen, Kaperfahrten, waffenschlagende Plankenkämpfe mit den Venedigern!
Vorbei.
Aus den verfallenden Kammern
Läuten nicht trunken goldene Becher mehr, die blutfarbnen Weines voll sind,
Dringt auch heut nicht Fischerkindergelärm, noch der scharfe Ruch gebratenen Seefangs.
Jadeschimmernde Eidechsen huschen emsig schwänzelnd umher, tuscheln in Eidechsenmundart zusammen
Oder sitzen auf lichtumspülten, warmen Steinen geruhsam sinnend.
In dunklen Mauern gebiert des Skorpionsweibchen lebende Junge und stirbt; aber die Söhne erben der Väter Gift.

Auch dieser ist einsam,
Dem ein herrischer Mund zu sein gebot, die zeptertragende Hand eines Königs im Osten.
Doch die Krone sprang von der Stirn, und die myrrhenduftenden Prunkgewänder verdarben. –
Er aber steht und leidet.
Unsäglich leerer Himmel, der Vogelfittich und fruchtende Wolke nicht kennt, gießt brennende Bläue endlos über ihn aus;
Gluthitzen, Strahlenfluten rinnen von seinen bleichen Quadern.

Die Zypresse floh. Zeder und Ölbaum sind fortgewandert,
und keine Rebe schmiegt liebende Arme um seinen schlafenden Stein.
Kein Hirt treibt die Schafe, daß sie aus erdnahen Fugen
ihm staubige Gräser rupfen,
Und dem Zuge beladner Kamele zeigt er niemals den Weg.

Zuweilen,
Wenn die Sichel der Nacht des Tages glühende Garben mäht,
Ein schmaler Mond wie Balsam ihm silbrige Kühle träuft,
Bebt aus seinem Wesen
Der scheue, leise, schnell ermattete Klang
Verschollener Harfe.

Vielleicht vergaß mich meine Seele im Traum,
Sank gen Morgen gebreitet, und ihres Wandelfluges
Harrte der weiße Turm: durch seine heißen,
verwunschenen, lebenlosen Gemächer irrte sie,
Ihre Ahnen suchend,
Und rührte verschwebend Saiten an, die noch tönen...

Das Einhorn

Der Pfauen Pracht,
Blau, grün und gülden, blühte in Dämmerung
Tropischer Wipfelwirrnis, und graue Affen
Fletschten und zankten, hangelten, tummelten, balgten
    sich im Geschlinge.
Der große Tiger, geduckt, zuckte die Kralle, starrte, verhielt,
Als das stumme seltsame Wild durch seine indischen
    Wälder floh,
Westwärts zum Meere.

Das Einhorn.

Seine Hufe schlugen die Flut
Leicht, nur spielend. Wogen bäumten sich
Übermütig,
Und es lief mit der wiehernd springenden, jagenden
    silbermähnigen Herde.
Über ihnen
Schrieb Flug schwarzer Störche eilige Rätselzeichen an den
    Himmel Arabiens.
Der mit sinkender Sonne eine Fruchtschale bot:
Gelbe Birnen, gerötete Äpfel,
Pfirsich, Orange und prangende Trauben,
Scheiben reifer Melone.
Schwarze Felsen glommen im Untergange,
Amethystene Burgen,
Weiße glühten, verzauberte Schlösser aus Karneol und
    Topas.

Spät hingen Rosennebel über den taubenfarb dunkelnden
Wassern der Bucht.

Das Einhorn.

Seine Hufe wirbelten Sand,
Der lautlos stäubte. Es sah
Einsame Städte, bleich, mit Kuppel und Minarett und den
Steinen der Leichenfelder
Schweigend unter dem klingenden Monde.
Es sah
Trümmer, verlassene Stätten, nur von Geistern behaust,
in funkelnder Finsternis
Unter kalten Gestirnen.
Einmal lockte der Wüstenkauz,
Und im Fernen heulten Schakale klagend;
Hyänen lachten.
Am Eingang des Zeltes unter der Dattelpalme
Hob das weiße syrische Dromedar träumend den kleinen
Kopf, und seine Glocke tönte.

Vorüber das Einhorn, vorüber.

Denn seine leichten, flüchtigen Füße kamen weither aus
dem Goldlande Ophir,
Und aus seinen Augen glitzerten Blicke der Schlangen, die
des Beschwörers Flöte aus Körben tauchen, gaukeln
und tanzen heißt,
Doch das steile Horn seiner Stirnmitte goß sanfteres Licht,
milchig schimmerndes,
Über die nackten Hände und weich umschleierten Brüste
der Frau,

Die da stand
Zwischen Mannasträuchern.

Ihr Gruß:
Demut
Und der stille Glanz tiefer, wartender Augen
Und ein Hauchen, leise quellendes Murmeln des Mundes. –
Brunnen in Nacht.

Die Tiere von Ninive

Jona, Schlußwort

Die Nacht
Neigte goldblasse Schale, und Mondmilch troff
In das kupferne Becken
Auf dem Dache des weißen Hauses,
Und eine blaugraue Katze mit Agatsteinaugen
Schlich und hockte und trank.

In einer Nische bröckelnden Tempelgemäuers
Saß Racham der Geier regungslos mit gesunkenen Flügeln
Und schlief.
Fern
Hinter den Weingärten lag an wüstem Ort ein gestürzter,
verendeter Esel.
In seinem gebrochenen Blick fraßen Würmer,
Und sein Geruch ward stinkend und befleckte die reine
Luft und verhöhnte den leisen Tau, der ihn netzte.
Und er harrte spitzer, fallender Fittiche, des gelben,
häßlich nackten Vogelgesichts, bohrender Krallen
und des zerreißenden tilgenden Schnabels,
Auf daß bestattet werde, was Erde und Wind verpestet …
Der Geier träumte.

Nah dem Tore der Stadt
Ruhte am Hügel, den gebogenen Stab zur Seite, ein junger
Hirt.
Sein Knabenantlitz, erhoben, wie leerer empfangender
Becher, füllte sich schimmernd mit dem rieselnden
Licht der Gestirne,

Quoll über,
Und ihr schwebend sirrendes, singendes Kreisen in unendlichen Räumen rührte sein Ohr.
Rings zerging das weiche Vlies seiner Lämmer in dunstig dünnes Gewölk.

Ein Kind,
Kleiner, abgezehrter, schmutziger Leib,
Bedeckt mit Fetzen, bedeckt mit Schwären,
Über die Schwelle der Grabkammer hingeworfen,
Streckte sich, schlief.
Es kannte nicht Vater noch Mutter, und nur ein Hund,
Einer der Ausgestoßenen, Verachtetsten,
Gleich arm, gleich krank, geplagt und zerschrunden,
Kratzte sich, duckte den Kopf und leckte liebreich die Wange unter den strähnig schwarzen verfilzten Haaren. –
Und das Kind ballte die Faust und schlug ihn im Traum.

Und ein Sturm flog auf mit mächtigem Braus,
Ein großer Sturm fuhr von Osten auf und kam und fegte die Weide, entsetzte die Herden und wirbelte totes Geäst
Und griff wie mit Nägeln in des Propheten Bart, zerrte und zauste.

Doch Jona ging,
Und die Last über Ninive, die er geschaut, hing über seinem Scheitel.
Er aber wandelte in schwerem Sinnen. –

Von der starken Zinne des Königsschlosses schmetterte ein
bemalter Stein,
Und es heulte im Sturm und es schrie im Sturme und eine
Stimme rief:
»Um dieser willen!
Um dieser Tiere, reiner und unreiner, willen!«
Und der Gesandte des Herrn schrak und sah; aber nur
Finsternis war, und er hörte nichts als ein
unablässiges Wehen und Sausen,
Das seinen Mantel faßte und zog und schüttelte wie eines
Bittenden Hand das Kleid des unbarmherzig
Enteilenden.
Er aber kehrte sich nicht; er schritt
Und raffte und hielt den Mantel.

Das Opfer

Ihre purpurnen Schuhe kennen den Weg, und die Spange
um ihren Knöchel weiß ihn.
So wandelt sie ohne Willen, gebunden, im Traum.
So wandeln die heißen dunkelnden Augen durch Reihen
steinerner Flügelkatzen und schwerer bemalter
Säulen zum Vorhof des Tempels,
Da ein nackter Greis in schmutzigem Lendentuche auf
winziger Pauke hämmert und endlos sein näselnder
Singsang fleht.
Die Aussätzige, von wirren Haaren verhangen, reckt
stöhnend den Arm.
Unfruchtbare seufzen Gebete.
Ein Jüngling steht hoch und steil, unbeweglich, mit
breitem bronzenen Schwert,
Und ein Wahnsinniger krümmt mit leisem verzückten
Lachen sich über rosengranitener Schwelle.
Wie sie vorüberstrebt, hascht die Kranke, Verdeckte nach
ihrem Kleide, den amarantfarbenen Säumen;
Sie aber zieht, die Wolke, an unerreichbaren Abendhimmeln
dahin.

Dreimal fragt ihre pochende Hand die kupferne Tür, die
ihr dreimal erwidert.
Ein Priester öffnet.
Sein Bart rinnt, blauer Fluß, über die linnene Bleiche des
Untergewandes, den Safran des Mantels.
Auf seiner hohen schwarzen Haube spreizt ein silberner
Vogel sich.

Er gießt Milch in rote Tonschalen, Milch der wachsweißen
Kuh mit vergoldeten Hörnern,
Trank den heiligen Schlangen,
Die ihre glatten, getuschten Leiber am Boden des
düsternden Raumes knäueln und wälzen.
Und eine größte chrysolithäugige hebt sich und lauscht
und wiegt den Bauch zu unhörbarem Liede.
Die Frau verneigt sich ihr, schirmt mit dem Finger das
Auge und küßt der Natter die Stirn. –
Sie schweigt
Und tritt hinaus in den leeren inneren Hof;
Nur perlmutterne Tauben picken Weizenkörner vom
lauchgrünen Nephrit.
Sie ängsten nicht.
Zwischen bunt beladenen Wänden hält streng und schmal
eine Ebenholzpforte sich,
Und dreimal rührt die Frau mit elfenbeinernem Stabe das
Schloß, das ihr Antwort weigert.
Sie bleibt und wartet.

Dort wird sie eingehn.
Unter dem Bilde des Abgotts mit goldenen Krötenschenkeln,
Im Rauche glimmenden Sandelholzes,
Beim Strahlen zuckenden Feuers
Wird der Fremde nahn,
Wird langsam schreiten und seine rechte Hand auf ihre
Mitte legen als ein Zeichen.
Er wird sie hinführen in den sengenden Kreis
Und ihre Brüste schauen
Und schweigend stark aus glühen Umarmungen Wollust
schmelzen.

Sie töten...
So ist es ihr vorbestimmt und sie weiß es.
Sie zaudert nicht. Kein Beben zwingt ihre Glieder; sie blickt nicht um,
Kennt weder Glück noch Unglück.
Sie füllte sich ganz mit brennender Finsternis, mit dumpf erglänzender Demut, die dem Gebote des Scheusals dienen, dem goldenen Götzen sterben will. –

Doch in ihrem Herzen ist Gott.
Auf ihrem ernsten und schönen Antlitz haftet sein Siegel.
Das aber weiß sie nicht.

Der Ural

Wenn ich Finsternis packe, verwunden Schroffen
Meine Hand.
Da ist Gebirg, das mit Zacken und Schründen sich
　　aufsteilt und bäumt wie eines Drachen Kamm.
Da ist der Ural.
Kette von Nord nach Süd, Scheide von West und Ost,
　　Mauer zwischen zwei Erden.
Ich muß die Lampe löschen, daß er werde, daß er vor mir
　　krieche, riesiges Echsengetüm, in Nacht.
Denn es quillt sein Gestein, und sein Gewälde wächst
Aus meiner Seele.
Und der Hauch meines Mundes webt rauchig über dem
　　Schnee des Jaman-tau, meines ewigen Gipfels.

Ich sinne.

Plumpe, zottige Bären trollen brummend aus Höhlen,
Wolfsnasen wittern im Bruch,
Braunpelzige Zobelmarder schleichen.
Selbst schuf ich das fiedrig schreckende gelbäugige
　　Eulengesicht
Und springendem Quellfluß den großen grausilbernen Fisch
Und schwarzen Forsten schwere flügelknatternde
　　Auerhähne,
Die immer wieder doch meines Felsenadlers goldene
　　Kralle schlägt und aufreißt in Lüfte...
Aber die Wurzel großer düstermähniger Tanne stößt in
　　Tiefen, drängt augenlos blind unerschöpflichen
　　Kammern zu, getürmten, gehäuften Schätzen,

Die da grün sind: schlangenhäutiger Serpentin, Otter unter
den Steinen, und Malachit wie erstarrtes Laub
Und hellerer Chrysopras, den Sonne nicht sehen darf, die
ihm gierig den Apfelglanz aussaugt und fahlt.
Edelerz flimmert; Rubinkörner locken verstreut die
Schnäbel unterirdischer hammerköpfiger Vögel.
Mandelsteine reifen, mit buntem Achat gefüllt; Chalzedon
schwillt traubig;
Und brauner Marmor mit eingesprengten orangenen
Muscheln
Dämmert...

All das ist schön.

Aber ich habe anderes noch, Widriges, Dumpfes:
Schattenschlünde, da Ungestalt hockt, Halbwesen, das mir
entschlüpfte, eh ich ihm Herzschlag gab.
Stumm, erstickt schreit es nach mir, doch mich schaudert;
ich blicke nicht nieder.
Es harrt der Erlösung...
Einmal vielleicht, einmal
In kalter, sternloser Trübe,
Wenn Windnacht leise pfeift wie ungeheure grauliche Ratte,
Baumstümpfe, faulige Stummelzähne, im Munde der Erde
kaun,
Flocken gespenstisch Leichentücher erstorbenem
Hochmoor breiten –
Dann werde ich hingehn
Und, meine Hände auf bebender Brust, mich dem
Abgrund neigen...

Die Mergui-Inseln

Die Mergui-Inseln sind Laich.
Hingesamt vor den Schenkel des Frosches,
Der, blaues Birma, gelbes Siam, grünes Annam,
Hockt und rudert, den Schwimmfuß Malakka in chinesische
Fluten stößt.

Nein.
Meine Mergui-Inseln baden nicht singend im indischen
Meere.
Sie tauchen aus Nachtsee schweigsam in stetig tagloses
Dämmer empor,
Kuppig, schwarzgrün bezottelt,
Widerriste ungeheurer Büffel, die in Meertiefe bräunlichen
Tang durchweiden.
Ihre Nüster kocht Schaum.
Ihre Flanke rauscht Finsternis. Fahl schwelendes
Wetterleuchten
Zittert aus gebogenem Horn.
Verglostet ...

Unter dornigem Struppwerk des Kamms
Ducken, mit Pferdshaaren, fluglose Vögel sich, die noch
kein Forscher erkannt hat.
Von steiniger Lichtung
Starrt mondgoldnes Auge schiefergrauer reglos
gewundener Schlange in ewigen Abend auf.
Aber in Kalksteinhöhlen,
Deren Wände zerfressen von Wellenschnauzen, zernagt
sind von Tropfenzähnen,

Feiern Meerechsen in malachitgrünem Brautschmuck
brünstige Vermählungen,
Kröpft schwarzer Geier mit kahlem, blaurotem Antlitz
scharlachflossigen Fisch,
Huschen aus Löchern dunkle Schwalben, erdbraun
beschwingt, mit veilchendüsteren Brüsten,
Blühn nelken- und safranfarb Blumentiere, atmen schon
Beute, fächeln mit Fangarmen hin,
Rollt eine große Schnecke sich in den pantherfleckigen
porzellanenen Mantel ein.
Und schlummert.

Schiffe wurden verweht.
Verweht ... zerrissen ... Planken treiben, Fetzen der Welt,
Die den Meißel des Werkers trägt und des Schreibenden Stift
und den Pflug und Kaufmanns Gewicht und Waage,
Tausend hastende Räder, tausend haspelnde Worte
Und das Geld. – Hier kauert im Ungestirnten
Stummes Zwielicht,
Fern sanfter Mondklage, glühenden, blitzenden
Sonnengesängen.
Land träumt, ummurmelt von salzig triefenden Lefzen
uralter Amme.
Dumpf weißliches Glimmen sinnt.
Nur Tier und Pflanze.
Seltsame Grottenratte, die graulich gesprenkeltes, türkis-
farbes Ei bebrütet,
Schlafstrauch, des tintige Beeren
Den Esser für eines Jahrs Hingang in Druseln lullen –
doch niemand pflückt sie geschäftig ...
Stille.
Sein noch ohne Tun.

Wo Schlinggerank klammernd mit mageren Armen
    schuppige Zwergstämme würgt,
Unter Akaziengefieder
Bricht aus tiefgrüner Blattscheide einsame Frucht hervor,
Lang und gerundet, steil in nackter, fleischiger Röte
    schwellend.
Sie wartet,
Bis Lippen leisen, schwüleren Hauches
Flüsternd durch Dickicht tasten, rühren, schauern,
    umhüllen:
Sie bebt,
Und die im Fruchtfleisch verborgenen Stränge gießen
    zeugenden Samen aus.

Asien

Mutter,
Die du mir warst, eh mich die meine wiegte,
Ich kehre heim.
Laß mich hintreten vor dich.
Laß mich still dir zu Füßen sitzen, dich anschaun, dich
lernen:
Den stolzen verhüllten Wuchs, mächtig ragend von
mythischem Throne,
Der da auf Säulen weißer steinerner Elefantenfüße ruht,
Zu dessen Armlehne jadezüngiger bronzener Drache wurde,
Dein ernstes sonnengelbliches Antlitz, das blauschwarzes
Haar seiden umspinnt,
Die Stirn, Hegemauer großer Gedanken,
Und deine Augen, jetzt finster glänzender Obsidian,
Dann wieder samten und tief, dunkle Urwaldsblumen.
Laß an deine Gewänder mich rühren, die Ruch von
Ambra und Myrrhe, von Sandel und Zimmet wehn,
Die flammenden, indischem Webstuhl entlodert,
Und jene maisblassen, drauf ein Chinesenmädchen
braunen Zweig, Mandelblüte und kleine rostfarbne
Falter gestickt hat.
Weise mir deine Kronen: die südliche,
Grüngoldnes Palmenlaub, perlenbetaut, von Turmalin und
Smaragd, Hyazinth und Saphir durchblüht,
Und die nördliche, funkelnd von Eiskristall, mit den
Aquamarintropfen der sibirischen Meere.
Meinen Scheitel streife die Hand, deren Fläche noch Duft
und Schmelz persischer Früchte hält,

Und mein Ohr umspiele Schalmeiensingen, wie es David
der Hirt einst in den Gefilden Beth-Lechems übte.
Du Sinnende, Glühende, du, die adligste, reichste und
reifste der Schwestern:
Du anders als jene seltsame dunkelhäutige,
Die bald mit dem Skarabäusring ihres Fingers Einlaß
fordernd an riesig steinerne Wohnungen toter
Könige pocht,
Bald wieder, Straußenfeder und Muschel im wolligen
Haar, Pygmäen durch Wälder treibt
Oder in Wüstenleere falbmähnige Löwen weidet.
Anders du als die kindlich jüngste, die mit des Känguruhs
drolligen Sprüngen hüpft
Und Händevoll grasgrüner Sittiche über den Buschstrand
des Murray ausstreut.

Anders ...

Du hast noch die stumme unendliche Geduld,
Das Wissen vom Nicht-Tun, gewaltiger Ruhe, die in sich
versunken träumt,
Dein ist die Schau,
Der rätselnde Aufblick in blaue Nacht zu leuchtend
wandelnden Welten.
Du bist, ob du nicht wirkst.
Und sprichst mit dem leichten Heben schmaler gülden
bestäubter Hand, mit sanfter Wendung
schlangenbiegsamen Halses
Und hörst den Ruf des Saxaulhähers,
Der deiner Einöde Kysyl-kum roten Sand durchwirbelt
und des Wasserquells nicht bedarf,

Und weißt das Märchen des Rock, dessen unermeßlicher
Flug dein Haupt überschattet.
Um dich ist Ferne.
Du sitzest,
Zaubernde hinter gläserner Wand,
Geschieden, doch nah, sichtbar, unfaßlich.
Draußen ziehn sie dahin,
Träger, die dir aus bauchigen Schiffen Ballen und Kisten
und Körbe holen, Geschenke:
Jahrmarktsglück, Flitterspiel, Klapperlärmen, billig
armseligen Prunk ...
Draußen bettelt und nimmt und rafft dein eigenes Abbild,
Schemen,
Der Seiden, lieblich wie Krokus und Orchidee, mit häßlich
schwarzem englischen Tuch vertauschte
Und deines Sehers Sprüche, die blühenden, vieltausendjährig
verzweigten Äste, um graue Büschel dürr und
geschwätzig knisternder Blätter gab.
Sie ahmt, die gespenstische Magd, dir Herrscherin nach,
heuchelt deine Gebärde, dein Wort, stiehlt deinen
Namen,
Wenn du hinabgetaucht zum tiefen Innen unseres Sterns,
dem Bade schäumenden Feuers ...
Brenne ...
Birg voll Scham, was die Törichte blößt, deiner Mitte
Geheimnis, das Flammensamen empfing,
Und die Geborenen, Geierdämonen, laß ewiglich kreisen
über den Totentürmen,
Türmen des Schweigens ...

Nachwort

Das Meer und die Zeit – gemeinsam ist ihnen Vieles: ihre Unauslotbarkeit, ihre Gewalt, ihre Habgier auch. Verschieden erscheinen sie in ihrer Großmut.
»Was das Meer einmal verschlungen hat«, sagen die Seeleute, »gibt es nicht wieder her.«
Gertrud Kolmar, die von ihrer Zeit Verschlungene, hat sich den Untergang, bevor er sich im März 1943 in Auschwitz ereignete, unzählige Male vorausgedacht, ist ihm am Ende sogar ein Stück entgegengegangen, nicht ohne Grauen, doch einverständlich, mit Trotz ihn herbeisehnend, fast wie in Trance.

> Wenn der Abend schwimmt, will auch ich verrinnen,
> Mit den Vielen ziehn murmelnd in das Meer.
> Rolle leicht dahin wie in grauem Linnen
> Schwacher Fadenstreif, Ach, ich bin nicht schwer.

Als hätte sie nicht wieder hergegeben werden *wollen*.
Doch die Dichterin hat die Freigebigkeit der Zeit nicht bedacht, die immer wieder – nach ihrem eigenen Ermessen allerdings – scheinbar Verschlungenes, für immer verloren Geglaubtes an ihre Küsten zurückspült, nicht nur in Trümmern, sondern oft gänzlich unverletzt: Kompositionen, Bilder, Kunstwerke.
So sind die Gedichte Gertrud Kolmars – seit der ersten, durch den Vater veranlaßten und von Egon Fleischl 1917 besorgten Edition – in Abständen immer wieder erschienen, in immer größeren und erweiterten Ausgaben; so kommen ihre »Welten« heute, kurz vor der Jahrhundertwende, noch einmal zu uns; Peter Suhrkamp hatte ihn als erster nach Fünfundvierzig

gedruckt, diesen sechs Jahre vor ihrer Deportation geschriebenen Zyklus – der schönste vor allen anderen.
Dennoch ist die Art und Weise solcher Wiederkunft erstaunlich. Was ist an diesen, zu Lebzeiten der Lyrikerin noch wenig beachteten Gedichten, daß sie bei uns nicht nur Gehör, sondern ein sich noch immer steigerndes Interesse finden?
Wie ist es möglich, daß ausgerechnet in unserer auf Leichtigkeit, Lebensbequemlichkeit und schnelle Lust ausgerichteten Zeit einer Existenz nachgeforscht wird, die sich an einem Ideal von preußischer, nahezu spartanischer Strenge orientiert?
Warum interessiert uns gerade heute die Evokation des Alterns, Scheiterns, Sterbens, die sich noch in beinah jeder ihrer Arbeiten – im verträumtesten Liebesgedicht, im scheinbar idyllischsten Wiegenlied – versteckt?
Wer wollte sich – um eines Funkens von Erkenntnis willen – so vor der Welt verschließen, freiwillig aus dem Leben der Menschen emigrieren, wie Gertrud Kolmar es tat, lange bevor die Un-Menschen sie dazu zwangen.
Es muß ein sehr verborgener Sinn in uns selbst sein, der uns im Lesen dieses Werks den Wunsch nach einem anderen Leben eingibt: nach Konzentration, Einschränkung, Stille, nach Langsamkeit bis hin zum Stillstand.
Vermuten wir in der äußersten Lebensbeschränkung einen stärkeren Rausch? Ich wollte es genauer wissen.
Ich ging und suchte ihr Haus im Westen Berlins, in dem sie – eine große schweigsame Schwester für drei jüngere Geschwister – ihre Jugend verbrachte. Es war nicht mehr zu finden. Ein neues häßliches Gebäude stand in dem von ihr noch oft zitierten Garten. Vielleicht sogar zwei, denn viele Grundstücke sind geteilt worden.

Ich suchte sie draußen in Finkenkrug; hier hatte die Familie siebzehn Jahre lang gewohnt. Ihr weißer Barsoi mit der Wanderseele müßte dort noch umgehn und ihre *Tierträume*, dachte ich. Doch die alte Villa war umgebaut worden, hatte durch zu viele, zu grobe Eingriffe mit den Jahren ihr Gesicht verloren, war Gertrud Kolmars Haus nicht mehr. Und niemand, den ich fragte, hatte sie noch gekannt, nicht einmal die Uralten.

Auch ihre letzte Wohnung im Zentrum der Stadt, die sie mit zahllosen anderen Mietern – in Wahrheit Zwangseingewiesenen – teilte, war nicht aufzufinden. Alle Häuser von damals vom Krieg verschluckt, an ihrer Stelle war da eine breite Straße, neu und häßlich, wie um alles gänzlich vergessen zu machen.

Ein ganzes Leben so ausgelöscht und überbaut!

Doch was brauche ich Häuser, dachte ich; als wäre ihr nicht anders auf die Spur zu kommen! Denn manchmal, unversehens im Betrachten ihrer Bilder, verwechselte ich sie mit der blinden, preußischen Cousine meines Vaters, die mir noch heute, obgleich längst gestorben, im Geist durch den Tiergarten stapft, ganz unbeirrt von der Sonne, dem Regen, vom Geschwätz der Leute und Vögel ringsum, in ihrem eigenen Traum befangen. In ihrem eigenen Bild.

Das Lebensbild, das sich Gertrud Chodziesner – die später den deutschen Namen ihrer Heimatstadt »Kolmar« annahm – entwarf, hat niemand überbauen können.

Auf den allerersten Blick erscheint sein Horizont, wie übrigens der mancher sehr großer Dichter, lächerlich klein. So zeichnete etwa Emily Dickinson, die einmal schrieb: »I do not cross my Fathers ground to any House or town«, zumeist nichts weiter auf, als den ereignislosen Ablauf ihres Tags, den Aufstieg der Sonne vor ihrem Fenster und ihren

Untergang, den Kreislauf der Bäume und Blumen im Garten und den der Gezeiten; so genügte Robert Walser ein Spaziergang in die heimatlichen Wälder, die Begegnung mit einem Unbekannten, der flüchtigste, folgenloseste Blickwechsel, brauchte Anton Tschechow nur einen Aschenbecher als Kristallisationskern, um eine Geschichte in Gang zu setzen.

Der Charakter ist das Schicksal, sagt Novalis. Hat Gertrud Kolmar in ihren entlegenen Gärten, ihren versteckten Gehäusen sich absichtlich und von allem Anfang an so abgeschirmt gehalten, hat sie so überbaut sein *wollen*? Fast glauben wir es, wenn sie ihren Raum ganz ebenso beschreibt: *ihre Welt, die flach ist, wenig Schritt im Geviert, engumbaut, voll ruhmlos kleinlicher Dinge, erfüllt vom Klappern der Näpfe, dem Brodeln der Töpfe*; sie selbst nur mit *geringfügigen Verrichtungen* befaßt: dem Bereiten von Mahlzeiten für andere, für die Großen und Wichtigen, Freunde, Geliebten, einer großen, wichtigen Welt zugehörig. Beschreibt sich selbst daneben wunschlos, unauffällig, sich beiseite haltend ...

Doch gleich darauf, man täusche sich nicht, greift sie, nicht anders als ihre Vorgänger, Vordichter, dreist darüber hinaus und nach Größerem, holt sich mit einem selbstbewußten Griff heran, was sie braucht: *die kupferne Kaffeemühle aus Sarajewo, den Krug aus Eger, den Reis von den Feldern Südkarolinas,* schaffen ihr *Männer aus Rangun die bleichen Körner* ins Haus, *entsteigt die Inderin im Silberschmuck unsichtbar einem Teekästchen* ... und während *große schwarzrauchende Schiffe die schmale, ängstliche Küche umfahren*, fragt Gertrud Kolmar, inmitten ihrer Geringfügigkeiten, *die Tropfen des Öls*, ob nicht der Olivenbaum ihrer *fremden verlorenen Heimat sie schuf.*

Je enger mit den Jahren ihr Raum wird, je gepreßter das Leben, desto ungebärdiger werden die Übergriffe. Desto weiter die Geistesausflüge. Kein Gedanke Gertrud Kolmars hat sich jemals fesseln, überbauen lassen.
Selbst wenn sie – nachdem der Vater nach Theresienstadt verbracht, sie selbst zur Fabrikarbeit gezwungen worden war – nur noch in den Nachtstunden schreiben konnte, todmüde zwischen Mitternacht und Morgen, gelingt es ihr, unter Aufbietung letzter Kraft allerdings, der Gefangenschaft zu entkommen.
Die einzigartige, beinahe übermenschliche Leistung Gertrud Kolmars ist, noch im Augenblick der tödlichen Gefahr, der aussichtslosesten Lebenssituation den Ausbruch, den Übergriff zu riskieren, in sich ein Freiheitsfieber zu entfachen, das uns noch heute – und zu unserem Glück – infizieren kann.
Denn alles nach dem Durchbruch Erlebte ist stärker als je zuvor Erfahrenes. Und schlimmer.
Alles jenseits der Mauern. Oder *wegen* der Mauern?
Wieder beschäftigt uns die Vermutung: Hat Gertrud Kolmar die Vermauerung noch vorangetrieben, als die Schwester im Schweizer Exil sie beschwor, die Stadt zu verlassen? Gab es keine andere Möglichkeit für sie, als im feindlichen Deutschland auszuharren, oder wollte sie – *sich ganz mit brennender Finsternis füllend* – der Gefahr widerstehen, im Versuch, ihre Kräfte auszuloten?
Wir wissen es nicht, die Biographen sagen es nicht, die Lebensläufe geben keine Auskunft. Nicht einmal der von ihr selbst verfaßte. Die Briefe an die Schwester enthalten wenig oder keine Andeutungen. Sie sind höflich, konventionell, manchmal nicht ohne Selbstgerechtigkeit, am Ende – um niemanden zu gefährden – übervorsichtig; unbezweifelbar

bleiben allein die Gedichte. Wenn auch schwer zu entschlüsseln. Oft ist nicht einmal klar, ob sie vor einem Ereignis, nach dem Ereignis oder sogar *statt* des Ereignisses geschrieben worden sind.

Also gehen wir wiederum auf die Suche, lesen alles noch einmal, zum hundertsten Mal – was allerdings das beste ist, was dem Werk eines Dichters geschehen kann –

Und stellen die Fragen neu:

Hat Gertrud Kolmar wirklich in diesen Häusern gelebt, in diesen Gärten, dieser Familie, die – kaisertreu – ihre Kinder nach althergebrachten Regeln erzog, die Kriegsanleihe zeichnete und wie nicht wenige jüdische Patrioten den großen Traum vom Sieg mitträumte –

Oder: ist sie den Eltern schon früh entsprungen, ein Mädchen *mit Blicken wie scharfes Schrot*, das *hungerheiß* den Soldaten nachläuft, *denn die Welt ist lustig und laut*, eine glücklich Entkommene, *die der Trompete lauscht – spring mein Blut, spring mein Blut! Rausch hin in heißen Flüssen! – und den Trompeter segnet, der ihr zur Seite schläft?*

Und ist es wahr, daß sie, die immer Pflichtbewußte – Postprüferin, Lehrerin, Übersetzerin –, die Zionistin, die Hebräisch lernte, davon träumte, dieses Land zu verlassen, um zurückzukehren zu *ihrem Volk, das geworden ist durch den Galgen ... das Rad* –

Oder: war sie ungebunden von Anbeginn, hatte – ortlos, zeitlos – ihre Heimat längst schon anderswo gefunden: in *Ninive*, auf den *Mergui-Inseln* oder allein in der Seele des Freunds: *Du, von heut meine Heimat*, des Mannes, mit dem sie davongehen möchte?

War denn das Kind, das sie als kaum Erwachsene empfing, wirklich auf Wunsch der Eltern abgetrieben worden oder nicht doch etwa heimlich geboren, ausgetragen mit Stolz:

vom Schneider hab ich meine Tracht, mein Kindchen vom Soldaten –.

Sollten wir nicht, was sie behauptet, für erlebt, was sie mit eignen Augen sah, für wirklich und gewesen halten: Kind, Hand und Fuß, die braune Stirn und seine *Murmel, goldgeädert, tigeräugig* auch?

Und schließlich: wie hätte sie, die – will man den Lebensberichten glauben – nie in ihrem Leben den Osten bereiste, jemals den Ural beschreiben können, hätte sie ihn nicht wirklich durchwandert? Woher ihre Kenntnis der Felsformationen und Gesteine: des *schlangenhäutigen Serpentin*, des *Malachits wie erstarrtes Laub* und des *Achats im Mandelstein*; woher der ahnungsvolle Schauder Gertrud Kolmars vor den *Schattenschlünden*, zu denen sie bald zurückkehren wird.

Sie muß im Ural gewesen sein.

Der Charakter ist das Schicksal, sagt Novalis. Aber das Schicksal der Dichter ist, daß sie sich den eigenen Charakter täglich, stündlich neu erfinden – wie sollte dieses Schicksal leicht ergründbar sein?

Inhalt

Suhrkamp Verlag GmbH
Torstraße 44, 10119 Berlin
info@suhrkamp.de
www.suhrkamp.de